Sarah Kirsch *La Pagerie*

Sarah Kirsch

La Pagerie

Deutsche
Verlags-Anstalt

Die Autobahn ist vor Tagen eingeweiht worden. Ihre acht Spuren sind ebenholzschwarz. Die Schatten der Zedern Zypressen fallen sehr lang. Bei hoher Geschwindigkeit machen die Bäume den gleichen Effekt wie heimische Lattenzäune im Vorüberlaufen, Helldunkelgeklimper.
Die Nußhaine spiegeln sich grün in der Rhône, manch schöner Schwan glättet die Flügel vor der Nougatfabrik. Weiter, weiter. Hier könnte man abbiegen oder dort, je nachdem würde der Sommer ausfallen.

Im Garten von La Pagerie, einem Schlößchen an der Stelle, wo die Camargue in die Provence überläuft, sitzt eine rote gebrannte Dame und liest in einem Buch seit hundert Jahren die gleiche Seite. Derart versunken hat der Efeu sie überwachsen. Der Wind bewegt ein einzelnes Blatt auf ihrem Finger. Der endlose Himmel die verwirbelten Wölkchen darin, der uralte Mann auf dem Trecker von 1902 – verwunschenes Lachen.

Unglückseligerweise liegt unser Schlößchen nicht auf dem Berg. Das ist schade wegen der langatmigen schöngelungenen Sonnenuntergänge, bei denen die Bäume so tief dunkelgrün und dann Scherenschnitte werden.

Man kann auch nicht den Fortschritt der mannigfaltigen Waldbrände einsehen. Gestern zwei heute sieben rundherum in der Gegend, das riecht wie in der Kirche und nachts hör ich die Stimmen der Grillen und Feuerwehren.

Wie haben Sie das Haus hier gefunden, Monsieur, wenn es doch siebzig Jahre verlassen im Macqui lag, eine zugeknöpfte Ruine? Und wenn Sie vorübergefahren wären an dem Tag, als Sie Kopfschmerzen hatten, und nicht mit dem Stein angeklopft hätten – wie wäre Ihre Biographie verlaufen? Und wenn kein Geld dagewesen wäre für den Ausbau – und ist jetzt etwas da? Mit uns verdienen Sie nichts, das ist klar.

Das ist kein Hotel. Hier gibt es nur unsern Patron und Thibalde, den Hund. Monsieur holt mit dem Auto Croissants Milch und Butter, deckt den Frühstückstisch wenn wir noch schlafen. Er besorgt das Haus allein, kocht Ratatouilles und wirft uns abends im wildverwachsenen Hof Licht an wenn wirs vergaßen. Hat Wein für uns. Trinkt selber keinen. Wir haben die schöneren Zimmer.

Gestern kam Besuch für ihn. Aus einem weißen Cadillac schwebten junge Männer in engen Hosen riefen hallo hallo. Nach einer Stunde waren sie fort, er hatte ihnen das Grundstück gezeigt. Also waren sie zum ersten Mal hier.

Wir fürchteten schon, das Schlößchen solle verkauft werden, Monsieur sei das Geld ausgegangen, sahen es in eine Hotelkette gefädelt und völlig verloren. Jetzt sind nur wir hier und eine dreiköpfige französische Familie. Die Frau erwidert keine Grüße, das Kind zerbricht Tassen, der Mann packt jeden Tag einhundertzwanzig Eiswürfel in eine Kühltasche, und damit fahren sie bis spät in die Nacht ans Meer.

Ich bin gern in fremden Häusern. Die Casa Baldi, Wiepersdorf, Carolas Haus in Mecklenburg, La Pagerie. Es können völlig verschiedene Gebäude sein, wenn sie nur in langer Zeit ein Wesen angenommen haben; die Treppen knarren, Türen mit alten Riegeln versehen sind, Fenster die schönen Proportionen aufweisen. Vor den Zimmern Bäume sich aufreihn, Grillen und Zikaden schrein. Es muß eine Küche mit Steinfußboden geben, auf einer Treppenstufe eine Schnecke aus Kieselsteinen. Das Glück springt mich an.

Der Mistral, sagt Dietrich, den wir in Nîmes auf der Rue Victor Hugo treffen, ist ein Südwind, der das Rhônetal hinaufrast, vor hohen Bergen umkehren muß und als Nordwind die Leute verrückt macht.

Mittags kommen die Falter. Buntes Seidenpapier, zarte Drachen in Rosa Rot Gelb. Sie segeln im Hof vor blaßblauen Blüten, bis der Wind sie durchs Tor bläst. Thibalde naht legt sich zu Füßen. Er ist alt und die Welt sieht verschwommen aus, wo fiel der Stock hin. Beim Apportieren tun ihm die Zähne weh. Die Zikaden reden dreistimmig, werden immer schneller, überschlagen sich. Mein Freund unter der östlichen Platane schreibt ein Klavierkonzert. Er hat das Aussehen eines irischen Löwen und knirscht mit den Zähnen wenn er mich anblickt.

Am Schloßtor steht eine grüne Hortensie. Grüne Blätter, grüne Blüten. Wenn sie die Blätter hängen läßt, nehme ich eine Plastikkanne und renne nach Wasser. *Königin Hortense.*

Ich Königin Pastis. Der Pastis steht im Kühlschrank neben dem Kamin, im Wintergarten. Der Weg führt durch einen verwüsteten Raum mit restaurierten Bilderrahmen, einer heruntergefallenen Landschaft, goldenen Simsen verschwundener Schränke. Schließkörbe sperren das Maul auf, Tischchen mit metallenen Bommeln stehn faul in der Sonne, tragen riesige Bindfadenknäule und eine gefährliche Schere. Die Eiswürfel liegen fünfzig Meter entfernt in einer Truhe.

Abends reden wir über die Welt. Beratschlagen, wieviel Karten mit verführerischen Bildern wir unseren Freunden ins kleine Land schicken können. Daß sie nicht traurig werden oder unsere Grüße als Nötigung ansehn.

Abends reden wir mit den Eulen. Den Musiker verstehn sie am besten. Neugierig segeln sie in die Platanen im Hof. Waldbrände, Eulenende! rufen sie, und: Gottseidank haben wir ausgebrütet, die Kinder studieren schon; Bubo ist Doktor!

Montag, der 13. August. Da tragen die Eulen messingne Glöckchen an den Füßen. Da stieben sie über die Dächer. Die Mäuse entkommen dank schöner Musik.

Ganz in der Nähe, die zarten Linien der Alpilles vor Augen, bei seinen Kaninchen, dem Uhu, wohnt mein Kollege Daudet. Liest in den Zeitungen des Staubs vorüberrollender Wagen, heimkehrender Ziegenherden.

Ich habe ihm noch keinen Besuch abgestattet in der knappen Zeit die ich erst hier bin, wohl aber seine Stimme im Telefon gehabt. Seltsame Legenden scheint er zu schreiben und lange nicht unter Leuten gewesen zu sein. Es wimmelt in seiner Rede nur so von Mäusen, Maultieren, Ziegen.

Wenn der Sommer vorüber ist, die letzten Gäste Aufwiedersehn sagten, bleibt Monsieur zurück im seltenen großflockigen Schnee. Er trägt die Zitronenbäume in den Wintergarten, verstopft das Loch in der unteren Scheibe des zweiten Fensters und raucht nicht mal Pfeife.

Auf die elfenbeinfarbenen Meubeln in unserem Zimmer, Kommoden, Schränke, den Sekretär, sind ziegelrote Landschaften gemalt. Türme und Brücken, Bauernhäuser, römische ausgegrabene Säulen, Pinien Zypressen, Wind- und Wassermühlen, Kirchlein. Kleine Schlösser und weiße Wolken.

Heute ist der Himmel voll weißer Wolken und ein feuchter schwerer Wind geht über uns hin ein trauriger Schäfer der Ärger macht wegen nix kann man sich streiten, weil Maria Himmelfahrt ist und alle Tabakläden geschlossen.
Die Blätter klappern nervös die Zikaden sind sprachlos. Wo ist denn der frohe Mistral, der Bauernwind, der das Hemd vom Leib reißt, den man essen kann.

Der uns gestern auf den Mont Ventoux blies und vorher durch die Weinberge nach Montmirail. Hier war ich vor fünf Jahren, hatte mich aus dem Ländchen gemogelt. Das halbzerfallne Hotel aus den zwanziger Jahren mit seinen zugenagelten Fenstern aufgebrochenen Türen sah verrückter denn je aus. Auf die verregneten roten Läufer in der zerborstenen Rezeption haben enttäuschte Diebe ihre Beute geworfen, zweitausend Kopfschmerztabletten, einen Lastwagen Magenpulver. Ein Selbstbedienungsladen für süchtige Elstern und Hasen. Jetzt besitze ich einen fröhlicheren Paß, ein rechtes Sesam-öffne-dich-Blättchen ohne die Angst das seh ich nicht wieder. Ich fand auch die alte Flußbadeanstalt in der Schlucht unterm Efeu. Auf den Wegen, über die Wasser rieselt, wuchsen die Blumen wie damals, merkwürdiges Zeug, die Blätter umschließen kreisrund den Stengel.

Der Mont Ventoux hat einen Mondgebirgsgipfel. Sturm will das Auto gleich in den Abgrund schmeißen, und wenn die Menschen die Aussicht bis ans Meer genießen frieren sie sehr. Auf dem Nachbarplateau Stacheldraht Wüste etliche Bunker, da fuhren wir weiter. Die nackte Erde ergrünte, winzige Kiefern schwärmten aus, vorn ein paar Einzelne Mutige die auch allein etwas wagen.
Die Zedern versammeln sich an einer anderen Stelle. Einigen fehlten die vorwitzigen ewig winkenden Schöpfe, und unser Auto furzte sich fröhlich die zehnprozentige Steigung hinab.

In Colombe erkannte ich das Restaurant mit dem Perlenvorhang aus meinem Gedicht. Hier aßen wir Forellen und um uns wuchs der vortreffliche Wein. Die Fische waren die Sorgue aufwärts auf unsere Teller geschwommen. Wir fuhren die Quelle betrachten, fanden sie verschlammt und versickert. Der Fluß füllt sich seitlich aus Rinnsalen und Bächen, der Ort Fontaine-de-Vaucluse ist touristischer als zuvor. Es gibt kleine zementierte Teiche, in denen man, wenn man bezahlt, fischen kann. Das Wasser ist flach und klar, die Forellen führen ein alternativloses Leben. Auch ist eine der alten Papiermühlen wieder in Gang gesetzt worden, die Reisenden können für ein kleines Aufgeld alles besichtigen und an der Herstellung von Zigarettenpapier mitwirken.

Auf der anderen Seite des Flusses, in der Nähe leuchtendster Blumenfelder, trafen wir Petrarca und Laura. Ich hatte damit gerechnet. Sie waren älter geworden, nahmen auf Maultieren den Weg. Laura reichte dem Dichter mit dem Lorbeer um die Mütze hin und wieder ein Schnupftabakdöschen. Es trug ihr eigenes Konterfei von vor sechshundert Jahren, und der Dichter hub zu sprechen an: *Schlaf, Üppigkeit und Trägheit, ach, sie haben aus unserer Welt verbannet jede Tugend. Verscheucht von ihrer Laufbahn ist die Menschheit, in Banden der Gewohnheit fest gebunden. Und so erloschen jeder gute Lichtstrahl des Himmels, der noch unser Leben aufhellt, daß wundernd man auf den mit Fingern zeiget, der jetzt vom Helikon will Ströme leiten.* Hier sah er wild in die Gegend, riß sich die Mütze vom Kopf, ein Lorbeerblättlein sprang mir in den Ausschnitt, so hob ich es auf, und Laura hielt ihm die Zügel fest. Der Dichter fuhr fort: *»Was ist denn an dem Lorbeer, an der Myrthe? Die arme nackete Philosophie!« So höhnet, auf niedrigen Gewinn erpicht, der Pöbel. Nur wenig also werden dich begleiten und um so mehr bitt ich, anmutge Seele, verfolge deine große Unternehmung!* Ich war recht gerührt, daß er in der großartigen Herderschen Übersetzung sprach, weil ich des Altitalienischen nicht mächtig war. Und kam zu keiner Entgegnung. Petrarca zeigte auf die Toiletten der Gasthäuser, die sehr direkt über der Sorgue hingen und keinen Hehl daraus machten, wie einfach sie hier seit Jahrhunderten Kanalisationsprobleme lösen. Aber Raketen waren vorher nicht in seinem Berg, darauf bestand er. Mein Freund sprach mit beiden in der schönen Sprache, wir verabschiedeten uns und Laura strich sich den Bart.

Wir fuhren wie am vorigen Tag durch die Mittagsglut auf einer doppelten Platanenallee. Die Rinde der Bäume mit Landkartenmustern, Avokadogrün, Melonengelb, die Schatten und Sonnenflecken auf der Chaussee in dieser hirnverbrennenden Sonne zauberten pointillistische Bilder vor Augen.
Wir waren auf dem Weg nach St. Remy etwas über Vincent erfahren im Kloster des Heiligen Paul hinter den Mauern. Und sahen die sich verschleudernden Blumen, oftmals den glühenden Hibiskus, aber nirgends V.s Zelle. Alles war anderen Zwecken gewichen. Der Kreuzgang wurde gescheuert, es bimmelte ein Glöckchen. Ein Gesang hob an, seltsame Stimmen umschlangen sich, erst klang es fromm, später betrunken. Kinder heulten hinter verschlossenen Türen.

Der nahegelegene Steinbruch voll Thymian zwitschernder Schlangen war von den Römern benutzt worden, einen kühnen Arc de Triomphe auf den Asphalt zu stellen. Hindurch nach Les Baux! Auf dem Tafelberg mußten die Autos abgestellt werden. In der Sonne umsonst, dann kann man nachher das Lenkrad nicht halten, und wir hatten Mäuse im Handschuhfach.

Ein Drehkreuz wie in jedem beliebigen Supermarkt schob uns in die geschleifte Bergstadt. Unser neumodischer Baedeker aus dem Laden am Zoo wollte weismachen, Richelieu hätte hier ein wahres Sündenbabel, ein Hollywood namhafter Troubadoure und Callgirls geräumt. In Wahrheit ging es den Protestanten ans Leben.

Der Himmel war poliert, das Licht frisch geschärft, die Schatten der Ölbäume in der Ebene lagen kreisrund unter denselben. Die Menschen krochen mit hochhackichten Schuhn die heißen steilen Stufen zu den Felswohnungen auf; Belgierinnen verzogen schmerzhaft den Mund, wenn sie die übriggebliebenen Erker erreichten.

Die Sonne brannte ungehalten, und nachdem wir in einer rechten Knoblauchküche Wachtel und Hase gegessen, fuhren wir schnell noch Alphonse besuchen.

Wir parkten unter dem letzten freien Pinienbaum, steckten die Mäuslein ein und liefen durch ein Tal auf die Mühle zu. Daudet läßt in der Diele sein Porträt, Ansichtskarten des Hauses und die verschiedenen Auflagen seiner Bücher verkaufen. Die Menschen drängelten wild, Mühlenlampen flackerten, Mühlenspieluhren spielten *Frère Jacques* wenn man die Flügel bewegt, und von Zeit zu Zeit meckerte die weiße Ziege des Herrn Seguin böse vom Tonband. Daudet sitzt im oberen Stockwerk zwischen den Rädern und Hebeln der Mühle, trinkt Châteauneuf-du-Pape, rechnet dem Uhu die Einnahmen vor. Gottseidank ist er nicht mehr gezwungen, irgendein Amt anzunehmen, er ist frei! Wir wurden dauernd von Touristen unterbrochen, die einen Blick auf uns warfen, Autogramme verlangten, auch mal von mir, konnten uns dennoch gut unterhalten. Über die Ziege gings hin und her. Lieber weg in die Berge, selbst wenn man vom Wolf weiß; lieber mit dem eine Nacht kämpfen, als angebunden an einer Stelle. Da warn wir uns einig.

Im Schloßhof stehen die weißen Tische, sitzen die Stühle mit ihren rosa Pfefferminzplätzchenkissen, Licht wird verschwendet. Das Hündchen liegt da als ein Bettvorleger, knurrt und stinkt. Grünes Pergament in den Bäumen, jedes Blatt mit über dreißig Zipfelchen.

Das war eine Nacht jubilierender Mücken brüllender Eulen heulender Käuzchen. Mein Freund riß das Laken hoch, die Mücken erdrosseln, ich versprühte einen halben Liter Diorissimo, umsonst. Schließlich quietscht das Tor, unser Patron fährt Croissants und Butterstückchen holen, später knirschte der Kies, die Teetassen klingeln. Man muß die Füße sortieren; er sucht seine Taschenuhr mit der türkischen Lokomotive auf dem Rücken.

Monsieur hat die Betten bezogen. Hatten wir vorher die schönen himmel- und blaßblauen Streifen, sind es jetzt weiße Tücher mit weißen Hohlsäumen und Stikkereien. Orangenzweiglein rund und erhaben.

Wir überlegen uns, ob Monsieur irgendwo im Schlößchen eine prächtige Bibliothek hat, abends Sonettenkränze flicht oder Memoiren schreibt. Denn er ist wenig zu sehen. Heute fuhr er nach Montpellier, den Freund im Krankenhaus besuchen. Wir sollen abends das Tor verriegeln, es mit der Kette verschließen wenn Monsieur nicht zurück ist.

Die Geschichte geht weiter. Im richtigen Augenblick erscheint der weiße Cadillac mit der amerikanischen Nummer. Diesmal steigen sieben Jünglinge in weißen Hosen aus schütteln die Federn. Sie kommen in goldenen Sandalen, haben Arme für alle Himmelsrichtungen. Eine buntbemalte Grandmère springt unter dem Geläut zahlloser Armreifen raus aus dem Blech. Die Polaroid-Kamera läßt ein Foto nach dem anderen aus dem Hosenlatz springen. Sie streicheln die Sphinxe, werfen die Locken, rufen unsern Patron.

Nach dem Gewitter glänzt die Landschaft im Spiegel. Die Blätter die Bäume Häuser Berge haben ein schwarzes Rändchen und heben sich wieder ab voneinander. Es gibt zehn Grautöne mehr und eine Aussicht bis ans Ende der Welt. Der Mont Ventoux liegt vor der Tür. Der Mistral hat die Wolken zerstückelt, die kleinen Vliese verkugelt und aufgewickelt. Wollene Tiere purzeln über die Himmel. Abgeerntete Felder von glühendem Knöterich verzehrt. Riesenwegwartenbüsche und Sträuchlein – Pflanzen mit so dünnen grauen Stengeln, kräftigen zartblauen Blüten, daß sie wie Rauchwölkchen über der Erde schweben. Erdrauch müßten sie heißen, und so heißen sie auch.

Monsieur hat ein Gewehr neben dem Telefon. Für den Fall, daß er im Winter eingeschneit ist und Vagabunden das Tor aufsprengen, fliegende Hunde, unwiderstehliche Damen. Außerdem gehört ein Gewehr zu einem Anwesen, in dessen Galerien ohne Treppen Eulen wohnen, spanische Seiltänzer auf der Durchreise sich in Buchsbaumrabatten erstechen, die Müllabfuhr mit hundeschnäuzigem Citroën eines Tags in den Hof kommt, den alten Thibalde abholen.

Nun wieder über die Camargue mit ihren violetten Teppichen, den Kugelwolken im räumlichen Himmel. Sie überholn unser Automobil und wir vergleichen sie, bis der Blick vollaufgeklappte Pinien trifft von der gigantischen Art, haushohes Schilf und nahezu neunzig Flamingos. Sie schreiten nebeneinander, haben die Köpfe untergetaucht und durchsieben das Wasser. Es fliegen einzelne kleine Reiher chinesisch durch einen veilchenfarbenen Himmel, und plötzlich sehn wir die Kulisse von Les-Saintes-Maries-de-la-Mer.

Dies ist eine bunte glückselige taumelige verrückte Stadt. Tamarisken stehen um Plätze, auf denen das Gras längst verdorrte, golden wurde. Hier versammeln sich im Mai die schönsten Zigeuner. Es hängt eine lange gestickte Musik in den Zweigen, es riecht nach gebratenen Fischen nach Mord und Totschlag und schon reden Zigeunerinnen auf uns ein. Erst stekken sie uns ein Amulett als Geschenk an die Brust, lesen aus der Hand, daß wir glücklich sind, ein hohes Alter erreichen, aber dann wollen sie Geld sehen, und zwar aus Papier. Wir romantischen Seelen aus Deutschland haben Mühe, schicklich und ohne bis ins dritte Glied verflucht zu werden unterzutauchen.

Er geht ins Meer, ich hüte die Kleider. Der Wind will mich im Sand begraben. Die Wellen streicheln ihn werfen ihm Tang in den Bart, wolln ihn am liebsten behalten. Versprechen ihm eine der drei Marien. Am Horizont die sich ewig rammenden Öltanker und die flotten Kriegsschiffe eines oder des anderen Lands.

Die Rue Leon Gambetta am Mittag. Wir sitzen in einem Restaurant vor dem Spiegel und sehen das Leben darin. Ein Windhund rennt wellenförmig am Strand, Autos ziehen Wohnwagen vorüber, schleppen weiße Muscheln davon. Auf einer breiten Mauer vorm Meer schreiten viele Leute und Menschen. Ein Neger hüpft seiner eingewickelten Gitarre nach, eine Frau geht im neunten Monat, das wird ein schönes Kind mit Schwimmhäuten der Seele. Bärtige Männer schweben über dem Wasser mit ihren Bäuchlein und Kinderwagen. Seevögel bringen Blumen herbei, und stündlich kommt eine Flaschenpost mit veralteten Nachrichten, unübersetzbaren Liedern, Walroßspermien, einer wunderbaren Perle. Schöne Mütter mit knielangen Renaissancefrisuren fliegen von Sandbank zu Sandbank, ihre verblichenen schadhaften Jeans knallen im Wind und die Kinder schreiben mit Steinen und Muscheln.

Ein riesiges Schlauchboot segelt quer durch die Luft.

Jetzt gibt es Fisch. Der ruht in einer Rahmsauce inmitten feiner Gemüse, siehet uns zärtlich an. Fingerschalen, glitzernde Öfchen, porzellanene Löffel, pawlowsche Zitronen recht sauer. Da winseln die Hummern in ihrem Bassin, winken mit ihren Antennen uns an, klirren die vornehmen Gläser.
Draußen immer noch Kino. Im Restaurant gegenüber stellt ein nackter Mensch Stühle zusammen und reißt den Mund auf. Der singt. Ich denke mir großspurige Grußadressen Beglückwünschungen Schmucktelegramme aus, daß ich hier bin. Den Tagmond, das abgeschnittene Fingernägelchen Gottes im Blick hab über dem Meer, dem grünen, dem glänzenden, muschelzerschmeißenden.

Es gibt Warnschilder an der Straße mit einem bockigen Schaf. Es hat zu lange zu dünne Beine und ist immer dasselbe.

Im Licht des Mondes hat uns Monsieur einen alten vergoldeten Abendmahlskelch und Fotografien von La Pagerie gezeigt, die waren gut zwanzig Jahre alt. Der Wintergarten sah wie ein Thronsaal aus, die Kronleuchter funkelten so, in den Kaminen knallten die Feuer, die Stilleben spiegelten sich in venezianischem Glas. Da standen keine Kühlschränke, keine Kisten mit Sprudelwasserflaschen, kein Fahrrad, keine Wäschekörbe, die Fensterscheiben waren überhaupt nicht zerbrochen und gaben den Blick frei in einen hellen heiteren Park. Zwei Gärtner waren beschäftigt, die Wege zu harken, sie beschnitten die Hecken, verwehrten dem Efeu die Bäume ersticken. Und Monsieur fuhr in seinem bequemen Wagen als anerkannter Kunsthändler durch Italien von einer Auktion zur nächsten. Veranstaltete zweimal im Jahr eine Vernissage, gab üppige Feste, hatte viele Freunde und Depressionen in immer kürzeren Abständen. Er entließ das Personal, blieb mit Thibalde zurück unter Eulen.

Im 18. Jahrhundert stach man in diesem Landstrich, wenn sie verraten worden waren, den Protestanten die Augen aus. Von zwölf einem nur eins, daß er die Bettelnden führen konnte.

Im alten Flügel existiert eine Treppe, Holz- und Steinstufen wild durcheinander, auf deren Absatz mich ein ovales Fenster ansieht. Ein Kranz halbrunder Scheiben faßt es ein, abwechselnd weißes und gelbes Glas. In einem der Jahrhunderte ging eine gelbe Scheibe zu Bruch, wurde durch eine weiße ersetzt. Waren die Pagen zu wild? Stürzte einer die Treppe hinunter, durchbohrte das Glas, weil er unglücklich war? Die Treppe führt in ein leergefegtes hellblaues Zimmer. Spinnweben hängen halb in den Raum, glänzen im Licht. Der Fußboden schwankt.

Ohrenabreißender Lärm, große Feuerwehren versperrn uns in Nîmes den Weg. Die Feuerwehrmänner sind in feuerrote Uniformen genäht; ihre Augen glühen, soviele Brände haben sie gesehen, und die Sonne verschleudert sich auf den silbernen Hüten. Noch nach Stunden erschrickt man bei jeder Autohupe.

Das Zimmer, in dem ich die Seelen der Pagen vermute, ist über eine Wendeltreppe, durch eine Tapetentür erreichbar. Monsieur hat mir den Schlüssel gegeben. Es stehen gelbe Samtmöbel herum, ein chinesischer Porzellanelefant groß wie ein Schäferhund trägt ein Pfeifenzeug, und auf dem Schreibtisch, dessen Schubfächer Schmetterlinge und Grashüpfer zieren, liegt der Code civil. Das Halsgericht über die Protestanten.

Von Politik scheint er nichts zu halten. Sobald wir darüber sprechen, verzieht er den Mund und gibt der Rede eine andere Richtung. Höchstens erzählt er, daß er vor fünfzehn Jahren in Deutschland, sogar Ostberlin war. Da hatte er Schwierigkeiten mit seinem gültigen Paß wegen eines Barts auf dem Foto den er nicht trug, und lieber würde er sich erschießen, als dort zu leben.

In Carpentras saßen wir, eine bunte Gesellschaft Amerikaner Franzosen Polen wir seltsamen Deutschen vor überfüllten Restaurants in Hollywoodschaukeln betrachteten Füße. Wir zogen aus einem Spielzeugautomaten Plastikkugeln mit Ordenssternen, drei französische Miniarmeen, Fingerringe darauf zu pfeifen, scheppernde Glöckchen, ein bärbeißiges Krokodil.
Die Synagoge war verschlossen. In ihren Fenstern wuchsen Pilze und finstere Halme. Die Klingel blieb stumm.

Wir springen mit einer Geschwindigkeit von zwanzig Stundenkilometern über die Felder und mir fällt ein Lied von 1940 ein. Schönheit und Härte des Soldatenlebens werden gepriesen, am Ende die Gewißheit für Frauen und Bräute die Sänger sind treu. Die warn ein Land weiter, sangen vom Polenmädchen schickten Tücher ins Reich. Wer weiß wie weiß die Knöchlein nun sind.

In Bellegarde, einem Bergdorf das wir täglich passieren, steht ein Sandsteinbrunnen mit wasserspeienden Löwen. Jede Himmelsrichtung hat einen. Dazwischen, die Tiere umarmt, sitzen Araber, Arbeiter in Weinfeldern, Abend für Abend. Sie haben keine französischen Freundinnen. Welcher Vater würde das seiner Tochter erlauben, bis gestern besaß man Kolonien. Und die Mädchen sind blind.

Der Wind hat die Tür zugeschlagen. Ich klopfe an die Scheiben, mein Freund unter den Bäumen hört mich nicht. So muß ich durchs trügerische Zimmer mit dem Romeo-und-Julia-Balkon. Es hat keine Dielen, fünf Balken darüber ausgediente Türen gelegt. Ein Strohbesen stürzt ab, ich springe auf eine endlose Treppe. Finsternis. Spinnweben streifen mein Mund.

Geriet nun in die Kapelle. Verbundene Betstühle Stapel erblindeter Spiegel verblichener Bilder rings auf den Dielen. Oftmals Jesus und Maria mit aufgerissenen sichtbaren Herzen, die Glasseiten aneinander gelehnt. So las ich stellen Mönche in entfernten unwirtlichen Gegenden, wenn sie morgens die erfrornen Touristen einsammeln, zwei steife Menschen aneinander. Erst grob sortieren, dann zählen.
Von der Decke der Kapelle baumeln in exakten Abständen viele dicke Bindfäden, dünnere Stricke.

Träume von Dachböden, Truhen erfülln sich im Tanzsaal der Pagen. Die Standuhr schreit, wenn sie fünf schlägt. Was war siebzehn Uhr oder morgens um fünf? Hat jemand einen oder eine oder nichts? Ein Waldhorn, Spielkarten, das Bild Le Midi – eine fette Schäferin schwitzend am Stab. Ein verblichenes Sesselchen mit gelben gerafften Gardinen, einer rechtwinkligen Lehne, tote Schmetterlinge auf dem Fensterbrett. Ein Spiegel mit mir darin, weil sonst niemand da ist.

In der Küche folgender Kalender:
Vendredi
13
juillet
Danach hat niemand mehr abgerissen.

Monsieur holt am Wochenende seinen Freund, den schönen Knaben aus der Fotografie mit Thibalde unter den Palmen, vom psychiatrischen Krankenhaus ab. Der Junge ist etwa achtzehn Jahre alt, hat keine Verwandten, Monsieur muß die ganze Familie sein, aber die verwilderte Katze, der wir vielmals Milch hingestellt haben, läßt sich von ihm streicheln. Mein Freund trat nächtelang das Harmonium und unser Gastgeber bedankte sich für die Musik und verriet einen Trick bei denen Registern.

Wir haben nichts mehr zu rauchen, sagt er, wir gehen zu Fuß in den Ort. Der Ort hat eine Boulangerie, eine Alimentation, eine Boucherie, vierzehn Häuser, das Café Europe. Einen beachtlichen Friedhof seit dreihundert Jahren.

Mittags laufen die Eudaxen, wie unsere polnische Freundin sagt, bis unter den Giebel die Hauswand entlang. Mittags kommt ein Student aus Deutschland und fragt auf französisch nach Arbeit. Aber uns gehören die Weinfelder nicht. Er bestaunt die Sphinxe, will uns demnächst besuchen. Dann sind wir schon weiter.

CIP-Kurztitelaufnahme der Deutschen Bibliothek

Kirsch, Sarah:
La Pagerie / Sarah Kirsch. – Stuttgart:
Deutsche Verlags-Anstalt, 1980.
ISBN 3-421-01973-8

Umschlagentwurf: Jürgen Reichert, Stuttgart
Satz: Fotosatz Sauter, Süßen
Druck: Hieronymus Mühlberger, Augsburg
Bindearbeit: Wilhelm Nething, Weilheim-Teck
Printed in Germany